Four

Boris Pasternak

Anna Akhmatova

Osip Mandelstam

Marina Tsvetaeva

For Lena and Sasha

Also by Andrey Kneller:

Wondrous Moment: Selected Poetry of Alexander Pushkin

Evening: Poetry of Anna Akhmatova

Rosary: Poetry of Anna Akhmatova

White Flock: Poetry of Anna Akhmatova

Final Meeting: Selected Poetry of Anna Akhmatova

My Poems: Selected Poetry of Marina Tsvetaeva

Backbone Flute: Selected Poetry of Vladimir Mayakovsky

February: Selected Poetry of Boris Pasternak

Unfinished Flight: Selected Poetry of Vladimir Vysotsky

O, Time…: Selected Poetry of Victoria Roshe

Discernible Sound: Selected Poetry

The Stranger: Selected Poetry of Alexander Blok

Silentium: Selected Poetry of Osip Mandelstam

Table of Contents

Boris Pasternak

February 11
"There'll be no one in the house…" 13
Hamlet 15
Easter 17
Wind 21
Winter Night 23
Sunrise 27
"A life of fame is crude ambition…" 31
After the Interlude 33
Nobel Prize 35

Anna Akhmatova

"My night – I think of you obsessively…" 39
Song of the final meeting 41
Grey-eyed king 43
"I don't think of you often at all…" 45
"We are all heavy drinkers and whores…" 47
"So many stones were cast…" 49
"All's taken away…" 51
"There are such days before the spring…" 53
"O, there are words that cannot be repeated…" 55
There are four of us 57

Osip Mandelstam

"The Christmas trees of tinsel gold..." 61
"Only children's books to read..." 63
"I was given a body..." 65
Silentium 67
"I loathe the light of the cold..." 69
"Insomnia. Homer..." 71
Tristia 73
"I washed myself in the yard late..." 75
Leningrad 77
"We live, with no sense of the country..." 79

Marina Tsvetaeva

Prayer 83
"My poems…" 85
"You walk…" 87
"Into this chasm…" 89
"I like the fact…" 93
"I'll conquer you…" 95
"Some made of stone…" 97
Attempt at jealousy 99
To B. Pasternak 103
"This grief for homeland…" 105

One of the greatest poets of the Silver Age, **Boris Pasternak** (February 10, 1890 - May 30, 1960) became known in the west after he was awarded the 1958 Nobel Laureate in Literature and was forced by the Russian authorities to decline the prize. In Russia, where the novel, Dr, Zhivago, had been banned until the late 1980's, he was primarily known for his work as a poet. Boris Pasternak, whose first true love was music, brings a unique sense of melody to his poetry. Barely a whisper, one almost needs to overhear the subtle song in his words. It is this quality of his poetry that sets him apart from his contemporaries and makes his work moving and unforgettable.

Февраль

Февраль. Достать чернил и плакать!
Писать о феврале навзрыд,
Пока грохочущая слякоть
Весною черною горит.

Достать пролетку. За шесть гривен,
Чрез благовест, чрез клик колес,
Перенестись туда, где ливень
Еще шумней чернил и слез.

Где, как обугленные груши,
С деревьев тысячи грачей
Сорвутся в лужи и обрушат
Сухую грусть на дно очей.

Под ней проталины чернеют,
И ветер криками изрыт,
И чем случайней, тем вернее
Слагаются стихи навзрыд.

1912

February

Oh, February. To gct ink and sob!
To weep about it, spilling ink,
While raging sleet is burning hot
Like in the blackness of the spring.

To rent a buggy. For six grivnas,
Amidst the church-bells, clanking wheels,
To steer it where a shower drizzles
Much louder than ink and tears.

Where thousands of rooks fall fast,
Like charcoaled pears to their demise
And as they hit the puddles, cast
Dry sadness to depths of eyes.

Beneath – thawed patches now appear,
The wind is furrowed by the yelling.
New poems are composed in tears, -
The more unplanned, the more compelling.

1912

***

Никого не будет в доме,
Кроме сумерек. Один
Зимний день в сквозном проеме
Незадернутых гардин.

Только белых мокрых комьев
Быстрый промельк маховой,
Только крыши, снег, и, кроме
Крыш и снега, — никого.

И опять зачертит иней,
И опять завертит мной
Прошлогоднее унынье
И дела зимы иной,

И опять кольнут доныне
Неотпущенной виной,
И окно по крестовине
Сдавит голод дровяной.

Но нежданно по портьере
Пробежит вторженья дрожь.
Тишину шагами меря,
Ты, как будущность, войдешь.

Ты появишься у двери
В чем-то белом, без причуд,
В чем-то впрямь из тех материй,
Из которых хлопья шьют.

1931

***

There'll be no one in the house,
Save for twilight. All alone,
The winter day will be aroused
From the curtains left undrawn.

Only clusters, wet and white,
Flashing where the wind propels,
Only roofs and snow, - besides
Roofs and snow, - nobody else.

Frost, again, will shade the windows,
And again, they'll reappear -
Worries of the prior winter,
And the sadness of last year.

And the guilt, that's yet unpardoned,
Will be piercing and sustained,
And the fire's growing hunger
Will press on the window pane.

Suddenly, disturbed and vexed,
Curtains will proceed to tremble.
Marking silence with your steps,
Like the future, you will enter.

You'll appear all of the sudden,
Wearing something plain and white,
Something of the very cotton
Used to knit the flakes outside.

1931

Гамлет

Гул затих. Я вышел на подмостки.
Прислонясь к дверному косяку,
Я ловлю в далеком отголоске,
Что случится на моем веку.

На меня наставлен сумрак ночи
Тысячью биноклей на оси.
Если только можно, Авва Отче,
Чашу эту мимо пронеси.

Я люблю твой замысел упрямый
И играть согласен эту роль.
Но сейчас идет другая драма,
И на этот раз меня уволь.

Но продуман распорядок действий,
И неотвратим конец пути.
Я один, все тонет в фарисействе.
Жизнь прожить - не поле перейти.

1946

Hamlet

The noise subsides. I walk onto the stage.
I listen closely to the echo of the hum
And leaning on the doorway, try to gauge
Just what will happen in the age to come.

In gloom of night, the theater glasses gather
In thousands and focus on the play.
If only you are willing, Abba Father,
Allow this cup to pass me by today.

I love your plan, unyielding, fixed and bold,
And I am ready to accept my role.
But right now another act unfolds
And this time, please dismiss me, I implore.

The plot is predetermined to proceed,
The outcome of my destiny is marked.
Alone, amidst the Pharisees and greed.
To live this life is no walk in the park.

1946

На Страстной

Еще кругом ночная мгла.
Еще так рано в мире,
Что звездам в небе нет числа,
И каждая, как день, светла,
И если бы земля могла,
Она бы Пасху проспала
Под чтение Псалтыри.

Еще кругом ночная мгла.
Такая рань на свете,
Что площадь вечностью легла
От перекрестка до угла,
И до рассвета и тепла
Еще тысячелетье.

Еще земля голым-гола,
И ей ночами не в чем
Раскачивать колокола
И вторить с воли певчим.

И со Страстного четверга
Вплоть до Страстной субботы
Вода буравит берега
И вьет водовороты.

И лес раздет и непокрыт,
И на Страстях Христовых,
Как строй молящихся, стоит
Толпой стволов сосновых.

А в городе, на небольшом
Пространстве, как на сходке,
Деревья смотрят нагишом
В церковные решетки.

Easter

There's still the twilight of the night.
The world's so young in its proceeding,
That there are countless stars outside
And each one, like the day, is bright
And if the Earth could so decide,
She'd sleep through Easter in delight,
Hearing the Psalter reading.

There's still the twilight of the night.
It's far too early. It appears
That fields eternally subside
Across the crossroad to the side
And till the sunrise and the light,
There's still a thousand years.

And as of yet, the earth's deprived
Of any clothes to wear
To strike the church bells far and wide
Or echo choirs in the air.

From Maundy Thursday, through the night,
And right through Easter Eve,
The water bores the coastal side
And whirlpools heave.

The forest, naked and immense,
To celebrate the holy times,
As though in prayer, humbly stands
In congregated trunks of pines.

And in the city, in one place,
A gathering's commenced.
The trees, exposed, sincerely gaze
Over the Church's fence.

И взгляд их ужасом объят.
Понятна их тревога.
Сады выходят из оград,
Колеблется земли уклад:
Они хоронят Бога.

И видят свет у царских врат,
И черный плат, и свечек ряд,
Заплаканные лица –
И вдруг навстречу крестный ход
Выходит с плащаницей,
И две березы у ворот
Должны посторониться.

И шествие обходит двор
По краю тротуара,
И вносит с улицы в притвор
Весну, весенний разговор
И воздух с привкусом просфор
И вешнего угара.

И март разбрасывает снег
На паперти толпе калек,
Как будто вышел человек,
И вынес, и открыл ковчег,
И все до нитки роздал.

И пенье длится до зари,
И, нарыдавшись вдосталь,
Доходят тише изнутри
На пустыри под фонари
Псалтырь или Апостол.

Но в полночь смолкнут тварь и плоть,
Заслышав слух весенний,
Что только-только распогодь,
Смерть можно будет побороть
Усильем Воскресенья.

1946

Their eyes are overfilled with rage,
They're clearly out of sorts.
As gardens slowly leave their cage,
The earth is shaken and deranged,
They're burying the Lord.

They see a light that dimly glows,
Black handkerchiefs, and candle rows,
And tears on every face -
And suddenly, a long procession:
The sacred shroud of Christ is raised,
Two birches with morose expressions
Move over to make space.

They walk around the royal square
Along the curb and soon
Into the vestibule with care
They carry spring and its affairs,
The scent of Eucharist in the air
And vernal fumes.

And March is tossing snow around
To beggars gathered on church grounds,
As though a person just walked out
And gave away all that he found
And everyone was dazzled.

The singing lasts throughout the night.
Then, drained of tears, they bustle
To walk out quietly outside
Into the street, into the light
To read the Psalter or Apostles.

But flesh and fur will hush to hear
Spring, in the midnight hour,
Predict that soon the skies will clear,
And over death, we'll persevere
With resurrection's power.

1946

Ветер

Я кончился, а ты жива.
И ветер, жалуясь и плача,
Раскачивает лес и дачу.
Не каждую сосну отдельно,
А полностью все дерева
Со всею далью беспредельной,
Как парусников кузова
На глади бухты корабельной.
И это не из удальства
Или из ярости бесцельной,
А чтоб в тоске найти слова
Тебе для песни колыбельной.

1953

Wind

I've ceased to be, but you're alive
The wind is whimpering and sobbing.
It rocks the forest and the cabin.
Under its force the trees are bending
In unison, not pine by pine,
Along with hills that seem unending,
Like wooden frames of yachts withstanding
The stormy gusts in the bay at night.
And all this not from reckless pride
Or from a pointless, frenzied folly,
But to compose a lullaby
For you in time of melancholy.

1953

Зимняя ночь

Мело, мело по всей земле
Во все пределы.
Свеча горела на столе,
Свеча горела.

Как летом роем мошкара
Летит на пламя,
Слетались хлопья со двора
К оконной раме.

Метель лепила на стекле
Кружки и стрелы.
Свеча горела на столе,
Свеча горела.

На озаренный потолок
Ложились тени,
Скрещенья рук, скрещенья ног,
Судьбы скрещенья.

И падали два башмачка
Со стуком на пол.
И воск слезами с ночника
На платье капал.

И все терялось в снежной мгле
Седой и белой.
Свеча горела на столе,
Свеча горела.

На свечку дуло из угла,
И жар соблазна
Вздымал, как ангел, два крыла
Крестообразно.

Winter Night

The blizzards, all across the earth,
Have swept uncurbed.
The candle burned upon the desk,
The candle burned.

As in the summer, moths are drawn
Towards the flame,
The pale snowflakes soared
Towards the pane.

Upon the glass, bright snowy rings
And streaks were churned.
The candle burned upon the desk,
The candle burned.

On the illumined ceiling,
Shadows swayed,
A cross of arms, a cross of legs,
A cross of fate.

And with a loud thud, two shoes
Came falling down
And from the candle, tears of wax
Dripped on the gown.

And nothing in the snowy haze
Could be discerned.
The candle burned upon the desk,
The candle burned.

A gentle draft blew on the flame,
And in temptation,
It raised two wings into a cross
As if an angel.

Мело весь месяц в феврале,
И то и дело
Свеча горела на столе,
Свеча горела.

1946

The blizzards swept all through the month.
It so occurred,
The candle burned upon the desk,
The candle burned.

1946

Рассвет

Ты значил все в моей судьбе.
Потом пришла война, разруха,
И долго-долго о Тебе
Ни слуху не было, ни духу.

И через много-много лет
Твой голос вновь меня встревожил.
Всю ночь читал я Твой Завет
И как от обморока ожил.

Мне к людям хочется, в толпу,
В их утреннее оживленье.
Я все готов разнесть в щепу
И всех поставить на колени.

И я по лестнице бегу,
Как будто выхожу впервые
На эти улицы в снегу
И вымершие мостовые.

Везде встают, огни, уют,
Пьют чай, торопятся к трамваям.
В теченье нескольких минут
Вид города неузнаваем.

В воротах вьюга вяжет сеть
Из густо падающих хлопьев,
И чтобы во-время поспеть,
Все мчатся недоев-недопив.

Я чувствую за них за всех,
Как будто побывал в их шкуре,
Я таю сам, как тает снег,
Я сам, как утро, брови хмурю.

Sunrise

You were my life sometime ago.
Then came the war, the devastation.
You vanished, leaving me alone,
Without a trace or explanation.

When many years had passed me by,
Your voice awakened me by chance.
I sat and read Your Word all night
And came to life out of a trance.

Since then I feel more drawn to people,
To blend into the morning crowd.
I'll cause commotion and upheaval
And send the sinners bowing down.

Outside I rush for this alone.
Like for the first time, standing speechless,
I see these streets and snowy roads,
These desolate, abandoned bridges.

I'm welcomed everywhere I visit.
There's light and comfort, and time flies.
And in a matter of just minutes,
The landscape can't be recognized.

The blizzard's weaving by the gate
From falling snow that won't diminish.
In haste, not wanting to be late,
The people leave their meals unfinished.

For all of them, I feel compassion,
As if their troubles are my own.
I melt, myself, like snowflakes ashen
And knit my brows like the dawn.

Со мною люди без имен,
Деревья, дети, домоседы.
Я ими всеми побежден,
И только в том моя победа.

1947

I walk among these nameless men.
Before my eyes, the world is spinning!
I lose myself in all of them
And only in this is my winning.

1947

***

Быть знаменитым некрасиво.
Не это подымает ввысь.
Не надо заводить архива,
Над рукописями трястись.

Цель творчества самоотдача,
А не шумиха, не успех.
Позорно ничего не знача,
Быть притчей на устах у всех.

Но надо жить без самозванства,
Так жить, что бы в конце концов
Привлечь к себе любовь пространства,
Услышать будущего зов.

И надо оставлять пробелы
В судьбе, а не среди бумаг,
Места и главы жизни целой
Отчеркивая на полях.

И окунаться в неизвестность,
И прятать в ней свои шаги,
Как прячется в тумане местность,
Когда в ней не видать ни зги.

Другие по живому следу
Пройдут твой путь за пядью пядь,
Но пораженья от победы
Ты сам не должен отличать.

И должен ни единой долькой
Не отступаться от лица,
Но быть живым, живым и только,
Живым и только до конца.

1956

***

A life of fame is crude ambition,
It's not what elevates and lifts.
No need to archive each revision,
And tremble over manuscripts.

The goal of art is one's self-giving,
And not the racket of success.
To be a fable with no meaning
Retold by all is shamefulness.

Don't imitate - imposture's tasteless, -
But learn to live, so, after all,
You'll draw the love from open spaces
And overhear the future's call.

And leave omissions to be captured
In destiny, not text, and strive
To mark across the margins chapters
And scenes from an entire life.

And dip your body, let it graze
Obscurity and hide your tracks,
Like countrysides hide in the haze,
Where everything appears pitch-black.

Let others trail you to the finish,
In step, wherever you have passed.
But you, yourself, must not distinguish
Defeats and victories amassed.

Save face, persistently and wholly,
And never deviate or bend,
But be alive, alive and only,
Alive and only to the end.

1956

После перерыва

Три месяца тому назад,
Лишь только первые метели
На наш незащищенный сад
С остервененьем налетели,

Прикинул тотчас я в уме,
Что я укроюсь, как затворник,
И что стихами о зиме
Пополню свой весенний сборник.

Но навалились пустяки
Горой, как снежные завалы.
Зима, расчетам вопреки,
Наполовину миновала.

Тогда я понял, почему
Она во время снегопада,
Снежинками пронзая тьму,
Заглядывала в дом из сада.

Она шептала мне: "Спеши!"
Губами, белыми от стужи,
А я чинил карандаши,
Отшучиваясь неуклюже.

Пока под лампой у стола
Я медлил зимним утром ранним,
Зима явилась и ушла
Непонятым напоминаньем.

1957

After the Interlude

Three months ago it all had started.
The early blizzards swept by, rushing
Over our fields and yards unguarded
With some unmanageable passion.

I then made up my mind at once,
As though a hermit on vocation,
I'd write of winter and perchance
I would complete my spring collection.

But mounds of trivialities arose,
Like snow-banks standing in my way.
And all my plans, it seemed, were lost,
As winter passed by day by day.

Just then, somehow, I got to know
Why on this foul and stormy night
She pierced the darkness with the snow
And from the garden, peeked inside.

She sighed and whispered to me tensely,
"Please hurry!" - pale from the cold.
But I was sharpening my pencil
And awkwardly dismissed her call.

And while one early morning, I,
Behind the desk, delayed each sentence,
The winter came and passed me by
With some unrecognized resemblance.

1957

Нобелевская премия

Я пропал, как зверь в загоне.
Где-то люди, воля, свет,
А за мною шум погони,
Мне наружу ходу нет.

Темный лес и берег пруда,
Ели сваленной бревно.
Путь отрезан отовсюду.
Будь что будет, все равно.

Что же сделал я за пакость,
Я убийца и злодей?
Я весь мир заставил плакать
Над красой земли моей.

Но и так, почти у гроба,
Верю я, придет пора -
Силу подлости и злобы
Одолеет дух добра.

1959

Nobel Prize

All is lost, I'm a beast in a pen.
There are people and freedom outside,
But the hunters are already at hand
And I haven't a way to take flight.

The bank of a pond, woods at night,
And the trunk of the pine lying bare.
I am trapped and cut off on each side.
Come what comes, I simply don't care.

Am I a murderer, a villain, a creep?
Of what filth am I condemned?
I have caused the world to weep
At the splendor of my land.

Even now as I'm nearing the tomb,
I believe in the virtuous fate, -
And the spirit of goodness will soon
Overcome all the malice and hate.

1959

Anna Akhmatova (June 23, 1889 - March 5, 1966) is considered by many to be one of the greatest Russian poets of the Silver Age. Her works range from short lyric love poetry to longer, more complex cycles, such as Requiem, a tragic depiction of the Stalinist terror. One of the forefront leaders of the Acmeism movement, which focused on rigorous form and directness of words, she was a master of conveying raw emotion in her portrayals of everyday situations. During the time of heavy censorship and persecution, her poetry gave voice and hope to the Russian people.

***

Ночь моя – бред о тебе,
День – равнодушное: пусть!
Я улыбнулась судьбе,
Мне посылающей грусть.

Тяжек вчерашний угар,
Скоро ли я догорю,
Кажется, этот пожар
Не превратиться в зарю.

Долго ль мне биться в огне,
Дальнего тайно кляня?...
В страшной моей западне
Ты не увидишь меня.

1909, Киев

***

My night – I think of you obsessively,
My day – indifferent: let it be!
I turned and smiled at my destiny
That brought me only misery.

The fumes of yesterday are dire,
The flames that burn me will not die,
It seems to me, this blazing fire
Will not become a sunlit sky.

Shall I endure without conceding
And curse you for not being there?...
You're far away. You'll never see me
Imprisoned in my awful snare.

1909, Kiev

Песня последней встречи

Так беспомощно грудь холодела,
Но шаги мои были легки.
Я на правую руку надела
Перчатку с левой руки.

Показалось, что много ступеней,
А я знала - их только три!
Между кленов шепот осенний
Попросил: "Со мною умри!

Я обманут моей унылой
Переменчивой, злой судьбой".
Я ответила: "Милый, милый -
И я тоже. Умру с тобой!"

Это песня последней встречи.
Я взглянула на темный дом.
Только в спальне горели свечи
Равнодушно-желтым огнем.

1911

Song of the final meeting

How helplessly chilled was my chest, yet
My footsteps were nimble and light.
I unconsciously put on my left hand
The glove that belonged on my right.

It seemed that the stairs were endless,
But I knew - there were only three!
Autumn, whispering through the maples,
Pleaded: "Die here with me!

I was blindly deceived by my dreary,
Dismal, changeable Fate." "And I too,"
I responded, "My darling, my dear one,
And I'll also die here with you."

This is the song of the final meeting.
I looked up at your house, all dark inside.
Just the bedroom candles burned with a fleeting,
Indifferent and yellowish light.

1911

Сероглазый король

Слава тебе, безысходная боль!
Умер вчера сероглазый король.

Вечер осенний был душен и ал,
Муж мой, вернувшись, спокойно сказал:

«Знаешь, с охоты его принесли,
Тело у старого дуба нашли.

Жаль королеву. Такой молодой!..
За ночь одну она стала седой».

Трубку свою на камине нашёл
И на работу ночную ушёл.

Дочку мою я сейчас разбужу,
В серые глазки ее погляжу.

А за окном шелестят тополя:
«Нет на земле твоего короля...»

11 декабря 1910
Царкое Село

Grey-eyed king

Inconsolable anguish, I hail your sting!
Yesterday died the grey-eyed king.

The autumn evening was stifling and red,
My husband returned and casually said:

"Back from the hunt, with his body they walked,
They found him lying beside the old oak.

I pity the queen. So young! Passed away!...
In the span of a night, her hair became grey."

He found his pipe and wandered outside,
And went off to work, like he did every night.

My daughter's asleep. I'll bid her to rise,
Only to gaze at her grey-colored eyes.

Outside the window, the poplars unnerved,
Whisper: "Your king is no more on this earth…"

December 11, 1910
Tsarskoe Selo

***

О тебе вспоминаю я редко
И твоей не пленяюсь судьбой,
Но с души не стирается метка
Незначительной встречи с тобой.

Красный дом твой нарочно миную,
Красный дом твой над мутной рекой,
Но я знаю, что горько волную
Твой пронизанный солнцем покой.

Пусть не ты над моими устами
Наклонялся, моля о любви,
Пусть не ты золотыми стихами
Обессмертил томленья мои,—

Я над будущим тайно колдую,
Если вечер совсем голубой,
И предчувствую встречу вторую,
Неизбежную встречу с тобой.

1913

***

I don't think of you often at all,
I'm not interested much in your fate,
But the imprint you left on my soul
On our trivial meeting won't fade.

I avoid your red house by design,
Your red house overlooking the water,
But I know I disturb every time
Your sun-pierced peaceful order.

It was probably some other person,
Who begged for my love, chest to chest,
And it wasn't your golden verses
That immortalized my unrest, -

But I'm reading the future, repeating
All the spells when the evening is blue
And I foresee an additional meeting,
An inescapable meeting with you.

1913

***

Все мы бражники здесь, блудницы,
Как невесело вместе нам!
На стенах цветы и птицы
Томятся по облакам.

Ты куришь черную трубку,
Так странен дымок над ней.
Я надела узкую юбку,
Чтоб казаться еще стройней.

Навсегда забиты окошки:
Что там, изморозь или гроза?
На глаза осторожной кошки
Похожи твои глаза.

О, как сердце мое тоскует!
Не смертного ль часа жду?
А та, что сейчас танцует,
Непременно будет в аду.

1 января 1913

***

We are all heavy-drinkers and whores,
What a joyless, miserable crowd!
There are flowers and birds on the walls
And the birds all pine for a cloud.

You are smoking your old black pipe
And the smoke looks strange over it.
The skirt that I'm wearing feels tight,
But I hope that it makes me look fit.

What's the weather - thunder or ice?
Here, the windows are all boarded shut.
I examine your face and your eyes
Have the look of a sly cautious cat.

Oh, what sadness I'm feeling inside!
Am I waiting for death's solemn bell?
And the one who is dancing tonight,
She will surely end up in hell.

January 1, 1913

***

Так много камней брошено в меня,
Что ни один из них уже не страшен,
И стройной башней стала западня,
Высокою среди высоких башен.
Строителей ее благодарю,
Пусть их забота и печаль минует.
Отсюда раньше вижу я зарю,
Здесь солнца луч последний торжествует.
И часто в окна комнаты моей
Влетают ветры северных морей,
И голубь ест из рук моих пшеницу...
А не дописанную мной страницу -
Божественно спокойна и легка,
Допишет Музы смуглая рука.

1914
Слепнево

***

So many stones were cast that I don't cower
When facing them and seeing them fly by,
The pitfall turned into a slender tower
That towers over towers in the sky.
I'm thankful to the builders for its height,
May all their grief and worries disappear.
Up here, I'm first to marvel at first light,
And final rays are jubilant up here.
And often winds from northern seas presume
To burst in through the windows in my room
And pigeons in my hands peck grains of wheat...
Even the page that I did not complete -
The Muse's tan, serene and steady hand
Will certainly write out to the end.

1914
Slepnyovo

***

Все отнято: и сила, и любовь.
В немилый город брошенное тело
Не радо солнцу. Чувствую, что кровь
Во мне уже совсем похолодела.

Веселой Музы нрав не узнаю:
Она глядит и слова не проронит,
А голову в веночке темном клонит,
Изнеможенная, на грудь мою.

И только совесть с каждым днем страшней
Беснуется: великой хочет дани.
Закрыв лицо, я отвечала ей...
Но больше нет ни слез, ни оправданий.

1916
Севастополь

***

All's taken away: my love and my power.
The body, thrown into city it hates,
Finds no joy in the sunlight. With every hour,
The blood grows colder in my veins.

The merry Muse is lately full of grief:
She looks at me and doesn't make a sound.
She lays her head, wearing the darkened wreath,
Upon my chest, exhausted and worn out.

Each day my conscience rages in a daze:
It fumes, desiring a grand donation.
I used to answer it while covering my face…
But I've got no more tears or explanations.

1916
Sevastopol

***

Н.Г. Чулковой

Перед весной бывают дни такие:
Под плотным снегом отдыхает луг,
Шумят деревья весело -сухие,
И теплый ветер нежен и упруг.
И легкости своей дивится тело,
И дома своего не узнаешь,
А песню ту, что прежде надоела,
Как новую, с волнением поешь.

1915

***

To N.G. Chulkova

There are such days before the spring
When meadows rest beneath the snow,
And dry and cheerful branches swing,
And gentle warm winds blow.
You marvel at your body's lightness
And do not recognize your home,
And sing again with new excitement
The song that once seemed tiresome.

1915

***

О, есть неповторимые слова,
Кто их сказал - истратил слишком много.
Неистощима только синева
Небесная и милосердье Бога.

1916

***

O, there are words that cannot be repeated,
Whoever said them – overspent his due.
The only things that cannot be depleted
Are God's forgiveness and the heaven's blue.

1916

Нас четверо

...И отступилась я здесь от всего,
От земного всякого блага.
Духом, хранителем "места сего"
Стала лесная коряга.

Все мы немного у жизни в гостях,
Жить - этот только привычка.
Чудится мне на воздушных путях
Двух голосов перекличка.

Двух? А еще у восточной стены,
В зарослях крепкой малины,
Темная, свежая ветвь бузины…
Это - письмо от Марины.

1961

There are four of us

…And I simply wouldn’t come near it,
Renouncing all earthly goods.
“This place’s” guardian spirit
Became a snag in the woods.

In this life, we are all merely guests,
Life, itself, is a habit, no doubt.
I can hear, in the aerial jets,
Two voices conversing aloud.

Only two? By the eastern wall,
There's a fresh, dark branch of an elder,
Where the raspberry bushes have sprawled...
Marina has left me a letter.

1961

Osip Mandelstam (January 15, 1891 – December 27, 1938) was a Russian poet and essayist, and a founding member of Acmeist school of Russian poetry. He is considered by many to be one of the most significant Russian poets of the twentieth century, along with Anna Akhmatova, Boris Pasternak, and Marina Tsvetaeva. Heavily censored and persecuted by the Soviet authorities for counter-revolutionary activities, he spent most of his later years in exile, until his death in Siberia.

***

Сусальным золотом горят
В лесах рождественские елки;
В кустах игрушечные волки
Глазами страшными глядят.

О, вещая моя печаль,
О, тихая моя свобода
И неживого небосвода
Всегда смеющийся хрусталь!

1908

***

The Christmas trees of tinsel gold
Out of the depths of forests blaze;
Behind the bushes, toy wolves gaze
With eyes so frightening and cold.

My grief – prophetic, pertinent,
My freedom - quieted and distant,
And ever-laughing, mocking crystal -
A numb and lifeless firmament.

1908

***

Только детские книги читать,
Только детские думы лелеять.
Все большое далеко развеять,
Из глубокой печали восстать.

Я от жизни смертельно устал,
Ничего от нее не приемлю,
Но люблю мою бедную землю,
Оттого, что иной не видал.

Я качался в далеком саду
На простой деревянной качели,
И высокие темные ели
Вспоминаю в туманном бреду.

1908

***

Only children's books to read,
Only children's thoughts to cherish,
All mature things to disparage,
Make the deepest grief recede.

Life's become a deathly bother,
There is nothing to amend,
But I love my meager land,
For I've not seen any other.

On a wooden swing, immersed,
Long ago, I'd swing in bliss,
Frenzied now, I reminisce
Of those towering dark firs.

1908

***

Дано мне тело — что мне делать с ним,
Таким единым и таким моим?

За радость тихую дышать и жить
Кого, скажите, мне благодарить?

Я и садовник, я же и цветок,
В темнице мира я не одинок.

На стекла вечности уже легло
Мое дыхание, мое тепло.

Запечатлеется на нем узор,
Неузнаваемый с недавних пор.

Пускай мгновения стекает муть —
Узора милого не зачеркнуть.

1909

***

I was given a body – what to do with it now,
One so unique and my own somehow?

For this quiet joy, to breathe and to be,
Whom should I thank, somebody tell me?

I'm the gardener, I'm the flower as well,
I'm not alone in world's dungeon cell.

On the glass of eternity, I've already left
A mark of my warmth, a mark of my breath.

And on its surface, a pattern is made
Unrecognizable still of late.

Let the cloudiness of the moments cascade –
The lovely pattern will never fade.

1909

Silentium

Она еще не родилась,
Она и музыка и слово.
И потому всего живого
Ненарушаемая связь.

Спокойно дышат моря груди,
Но, как безумный, светел день.
И пены бледная сирень
В мутно-лазоревом сосуде.

Да обретут мои уста
Первоначальную немоту —
Как кристаллическую ноту,
Что от рождения чиста!

Останься пеной, Афродита,
И слово в музыку вернись,
И сердце сердца устыдись,
С первоосновой жизни слито!

1910

Silentium

She wasn't born just quite yet,
She's both, the music and the word,
Which links the living of the world,
Unbreakable and permanent.

The sea is breathing calmly, nestled,
But wildly shines the light of day.
The lilac of the foaming spray
Is in its turbid-azure vessel.

O, may my lips someday attain
The primal muteness that I've sought -
That's like a flawless crystal note,
Its purity - from birth sustained.

Remain as foam, O, Aphrodite,
And let no word from music part,
Let heart become ashamed of heart,
With origins of life fused tightly!

1910

***

Я ненавижу свет
Однообразных звезд.
Здравствуй, мой давний бред, —
Башни стрельчатый рост!

Кружевом, камень, будь
И паутиной стань,
Неба пустую грудь
Тонкой иглою рань.

Будет и мой черед —
Чую размах крыла.
Так — но куда уйдет
Мысли живой стрела?

Или свой путь и срок
Я, исчерпав, вернусь:
Там — я любить не мог,
Здесь — я любить боюсь...

1912

***

I loathe the light of the cold
Monotonous stars at night.
Welcome, delirium of old, -
The sagittate tower's height!

Turn into lace, stone slab,
And into a web be pressed.
With your pointed needle, stab
The firmament's empty breast.

My turn will come all the same –
I'm sensing my wings grow taut.
So be it – but where is it aimed, -
The arrow of living thought?

Else, out of time, I'll repair
Home, depleted and rough:
I couldn't feel love – there,
Here – I'm afraid to love…

1912

***

Бессонница. Гомер. Тугие паруса.
Я список кораблей прочел до середины:
Сей длинный выводок, сей поезд журавлиный,
Что над Элладою когда-то поднялся.

Как журавлиный клин в чужие рубежи —
На головах царей божественная пена —
Куда плывете вы? Когда бы не Елена,
Что Троя вам одна, ахейские мужи?

И море, и Гомер — все движется любовью.
Кого же слушать мне? И вот Гомер молчит,
И море черное, витийствуя, шумит
И с тяжким грохотом подходит к изголовью.

Август 1915

***

Insomnia. Homer. The sails - stretched out.
I've read the catalogue of ships halfway:
This lengthy brood, this train of cranes
That soared from Hellas up into the clouds.

A wedge of cranes toward a foreign land –
The heads of kings sprayed by the foam of heaven -
What's Troy to you, if not the home of Helen,
Where are you sailing, Achaean men?

The sea and Homer – all are moved by love.
Whom should I heed? Now Homer has grown mute,
Black sea, orating, nears me, resolute
And thunders by my headboard, loud and rough.

August, 1915

Tristia

Я изучил науку расставанья
В простоволосых жалобах ночных.
Жуют волы, и длится ожиданье —
Последний час вигилий городских,
И чту обряд той петушиной ночи,
Когда, подняв дорожной скорби груз,
Глядели вдаль заплаканные очи
И женский плач мешался с пеньем муз.

Кто может знать при слове «расставанье»
Какая нам разлука предстоит,
Что нам сулит петушье восклицанье,
Когда огонь в акрополе горит,
И на заре какой-то новой жизни,
Когда в сенях лениво вол жуёт,
Зачем петух, глашатай новой жизни,
На городской стене крылами бьёт?

И я люблю обыкновенье пряжи:
Снуёт челнок, веретено жужжит.
Смотри, навстречу, словно пух лебяжий,
Уже босая Делия летит!
О, нашей жизни скудная основа,
Куда как беден радости язык!
Всё было встарь, всё повторится снова,
И сладок нам лишь узнаванья миг.

Да будет так: прозрачная фигурка
На чистом блюде глиняном лежит,
Как беличья распластанная шкурка,
Склонясь над воском, девушка глядит.
Не нам гадать о греческом Эребе,
Для женщин воск, что для мужчины медь.
Нам только в битвах выпадает жребий,
А им дано гадая умереть.

1918

Tristia

I've learned the art of parting in the midst
Of open-headed lamentations in the night.
The oxen graze, and so the wait persists –
The end of city vigil is in sight,
I'm honoring the cockerel night tradition,
When, taking up road's sorrow in travail,
The tear-stained eyes gazed off with premonition
And muses' song fused with a woman's wail.

And who could ever know, on hearing "parting,"
What sort of separation we would face,
What sort of wisdom was the cock imparting,
As flames in the acropolis would blaze,
And in the dawning of some brand new life,
Just as an ox chews lazily in his stall,
Why did the cock, the herald of the new life,
Beat with his wings, atop the city wall?

I love simplicity of weaving; round and round,
The shuttle turns, the spindle hums anew.
Look there, ahead, as if the swan's white down,
The barefoot Dalia is soaring towards you!
Our life is poor and meager at its core,
The language of our joy is insufficient!
All's happened once, all will repeat once more,
The sole delight - a flash of recognition.

So let it be: a shape, transparent, round,
Lies in the middle of a clean clay plate,
And, like a squirrel's pelt stretched out,
A girl looks at the molten wax, dismayed.
The Grecian Erebus is not for us to guess.
Warm wax for women is like bronze for men.
Our fate is cast in battles, not at rest.
But they will die, divining till the end.

1918

***

Умывался ночью на дворе.
Твердь сияла грубыми звездáми.
Звёздный луч — как соль на топоре.
Стынет бочка с полными краями.

На замóк закрыты воротá,
И земля по совести сурова.
Чище правды свежего холста
Вряд ли где отыщется основа.

Тает в бочке, словно соль, звезда,
И вода студёная чернее.
Чище смерть, солóнее беда,
И земля правдивей и страшнее.

1921

***

I washed myself in the yard late.
Coarse stars made the sky glow.
Starlight – salt on an axe-blade.
The barrel, brimming full, cooled off.

The outside gates are all clasped,
The earth's harshness is nonesuch.
No foundation is as pure as
A canvas still fresh, untouched.

A star, like a grain of salt, melts,
The water's darker in the cold night.
Death is purer, trouble - more felt,
Earth - more frightening and forthright.

1921

Ленинград

Я вернулся в мой город, знакомый до слез,
До прожилок, до детских припухлых желез.

Ты вернулся сюда, - так глотай же скорей
Рыбий жир ленинградских речных фонарей.

Узнавай же скорее декабрьский денек,
Где к зловещему дегтю подмешан желток.

Петербург, я еще не хочу умирать:
У тебя телефонов моих номера.

Петербург, у меня еще есть адреса,
По которым найду мертвецов голоса.

Я на лестнице черной живу, и в висок
Ударяет мне вырванный с мясом звонок.

И всю ночь напролет жду гостей дорогих,
Шевеля кандалами цепочек дверных.

1930

Leningrad

I‘ve returned to my city, it’s familiar in truth
To the tears, to the veins, swollen glands of my youth.

You are here once again, – quickly gulp in a trance
The fish oil of Leningrad’s riverside lamps.

Recognize this December day from afar,
Where an egg yolk is mixed with the sinister tar.

I‘m not willing yet, Petersburg, to perish in slumber:
It is you who retains all my telephone numbers.

I have plenty of addresses, Petersburg, yet,
Where I’m certain to find the voice of the dead.

In the dark of the staircase, my temple is threshed
By the knocker ripped out along with the flesh.

All night long, I await my dear guests like before
As I shuffle the shackles of the chains on the door.

1930

***

Мы живём, под собою не чуя страны,
Наши речи за десять шагов не слышны,
А где хватит на полразговорца,
Там припомнят кремлёвского горца.
Его толстые пальцы, как черви, жирны,
А слова, как пудовые гири, верны,
Тараканьи смеются усища,
И сияют его голенища.

А вокруг него сброд тонкошеих вождей,
Он играет услугами полулюдей.
Кто свистит, кто мяучит, кто хнычет,
Он один лишь бабачит и тычет,
Как подкову, кует за указом указ:
Кому в пах, кому в лоб, кому в бровь, кому в глаз.
Что ни казнь у него - то малина
И широкая грудь осетина.

Ноябрь 1933

***

We live, with no sense of the country beneath,
At ten paces, our speeches cannot be perceived,
But whenever we can, we whisper in terror
Of the kremlin mountain dweller.
His fingers are thick and fat like the worms,
And heavy like weights is the force of his words,
His cockroach mustache is sneering outright,
And his boot-tops are shimmering bright.

His skinny-necked leaders surround him, nervous,
He plays with these half-men, who stand at his service.
Whistling, crying or meowing, they linger,
But he alone bellows and points his finger,
Like horseshoes, he forges decrees line by line,
Which he casts at one's groin, forehead and spine.
Every killing for him is a berry delight,
And the chest of the Osette is wide.

November, 1933

Marina Tsvetaeva (October 8, 1892 - 31 August 31, 1941) is considered by many to be Russia's greatest female poet, rivaled perhaps only by Anna Akhmatova. Tsvetaeva's poetry was often of a very passionate and almost obsessive nature. She writes of unrequited love and heartbreak, of her admiration for other writers, of the devastation of war, and of her generally troubled life. Nonetheless, she is always able to contain this raw emotion in an extremely rigorous and disciplined form, unique only to her. Especially in her later poetry, frequent enjambments, inner rhymes, short lines, word play, and numerous allusions dominate her work. To this day, she remains one of the most beloved poets in Russia.

Молитва

Христос и Бог! Я жажду чуда
Теперь, сейчас, в начале дня!
О, дай мне умереть, покуда
Вся жизнь как книга для меня.

Ты мудрый, ты не скажешь строго:
-"Терпи, еще не кончен срок".
Ты сам мне подал -- слишком много!
Я жажду сразу -- всех дорог!

Всего хочу: с душой цыгана
Идти под песни на разбой,
За всех страдать под звук органа
И амазонкой мчаться в бой;

Гадать по звездам в черной башне,
Вести детей вперед, сквозь тень...
Чтоб был легендой -- день вчерашний,
Чтоб был безумьем -- каждый день!

Люблю и крест и шелк, и каски,
Моя душа мгновений след...
Ты дал мне детство -- лучше сказки
И дай мне смерть -- в семнадцать лет!

26 сентября 1909

Prayer

I need a miracle, Christ, My Lord!
Here, now, before the sun can rise!
O, let me pass on while the world
Is like a book before my eyes.

No, You are fair and will not judge:
"It's not your time and so live on."
For You have given me too much!
I long to take all roads - in one!

I crave it all: With a gypsy's passion
To raid and loot, singing a song
And hearing organs, feel compassion
And rush to war, - an Amazon;

Wish on the stars up in the dungeon,
Lead kids through shadows on the way,
Turn yesterday into a legend
And suffer madness every day!

I love this cross and this silk veil,
My soul is but a moment's gleam...
You've made my youth a fairytale, -
Now let me die - at seventeen!

September 26, 1909

***

Моим стихам, написанным так рано,
Что и не знала я, что я - поэт,
Сорвавшимся, как брызги из фонтана,
Как искры из ракет,

Ворвавшимся, как маленькие черти,
В святилище, где сон и фимиам,
Моим стихам о юности и смерти,
- Нечитанным стихам! -

Разбросанным в пыли по магазинам
(Где их никто не брал и не берет!),
Моим стихам, как драгоценным винам,
Настанет свой черед.

Май 1913

***

My poems, written early, when I doubted
that I could ever play the poet's part,
erupting, as though water from the fountain
or sparks from a petard,

and rushing as though little demons, senseless,
into the sanctuary where incense spreads,
my poems about death and adolescence,
- that still remain unread! -

collecting dust in bookstores all this time,
(where no one comes to carry them away!)
my poems, like exquisite, precious wines,
will have their day!

May, 1913

***

Идешь, на меня похожий,
Глаза устремляя вниз.
Я их опускала - тоже!
Прохожий, остановись!

Прочти - слепоты куриной
И маков набрав букет -
Что звали меня Мариной
И сколько мне было лет.

Не думай, что здесь - могила,
Что я появлюсь, грозя...
Я слишком сама любила
Смеяться, когда нельзя!

И кровь приливала к коже,
И кудри мои вились...
Я тоже была, прохожий!
Прохожий, остановись!

Сорви себе стебель дикий
И ягоду ему вслед:
Кладбищенской земляники
Крупнее и слаще нет.

Но только не стой угрюмо,
Главу опустив на грудь.
Легко обо мне подумай,
Легко обо мне забудь.

Как луч тебя освещает!
Ты весь в золотой пыли...
- И пусть тебя не смущает
Мой голос из-под земли.

3 мая 1913

***

You walk, somewhat like myself,
Hunched and not looking up.
I used to lower my eyes as well!
Stop here, passerby, stop!

Having gathered your flowers in a
Bouquet, read the stone by the gate -
It will say I was named Marina
And I lived to the following date.

It's a grave, but don't treat it as such,
My spirit won't rise to haunt you…
I, myself, loved laughing too much
Whenever I wasn't supposed to!

My hair was once curled and twisted
And blood used to rush to my face.
Hey, passerby, I also existed!
Hey, passerby, slow your pace!

Stop here and pluck a wild stem
And after that – pick this berry:
No berries are sweeter than
The ones from a cemetery.

Only don't stand there sighing
And please do not hang your head.
But rather think of me lightly
And afterward, likewise, forget.

How the sun shines down upon you!
Its rays set the dust aglow.
And don't let my voice disturb you
And vex you from down below.

May 3, 1913

***

Уж сколько их упало в эту бездну,
Разверзтую вдали!
Настанет день, когда и я исчезну
С поверхности земли.

Застынет все, что пело и боролось,
Сияло и рвалось.
И зелень глаз моих, и нежный голос,
И золото волос.

И будет жизнь с ее насущным хлебом,
С забывчивостью дня.
И будет все - как будто бы под небом
И не было меня!

Изменчивой, как дети, в каждой мине,
И так недолго злой,
Любившей час, когда дрова в камине
Становятся золой.

Виолончель, и кавалькады в чаще,
И колокол в селе...
- Меня, такой живой и настоящей
На ласковой земле!

К вам всем - что мне, ни в чем не знавшей меры,
Чужие и свои?!-
Я обращаюсь с требованьем веры
И с просьбой о любви.

И день и ночь, и письменно и устно:
За правду да и нет,
За то, что мне так часто - слишком грустно
И только двадцать лет

***

Into this chasm many fell,
It's gaping wide!
My time will come and I, as well,
Will go one night.

And all that struggled, shone, rejoiced
Will be ensnared -
My emerald eyes, my gentle voice,
My golden hair.

Your daily bread will come. You'll live
Without a pause.
And everything will be - as if
I never was!

Like children, changeable in mood
And sometimes brash,
I loved it when the firewood
Would turn to ash.

The cello, cavalcades, the bell
In village square…
- Without me, who lived as well,
Among you there!

From all - I never knew just when
To say enough, -
I now demand your faith again
And ask for love.

Each day, in speech and on a page:
For all I've shared,
For I'm, - at twenty years of age, -
Full of despair,

За то, что мне прямая неизбежность -
Прощение обид,
За всю мою безудержную нежность
И слишком гордый вид,

За быстроту стремительных событий,
За правду, за игру...
- Послушайте!- Еще меня любите
За то, что я умру.

8 декабря 1913

For that it's certain - in reflection,
I never take offense,
For insuppressible affection
And proud stance,

For all that's happening above me,
Each truth and lie…
- O listen to me! – Also love me
For I shall die.

December 8, 1913

***

Мне нравится, что Вы больны не мной,
Мне нравится, что я больна не Вами,
Что никогда тяжелый шар земной
Не уплывет под нашими ногами.
Мне нравится, что можно быть смешной -
Распущенной - и не играть словами,
И не краснеть удушливой волной,
Слегка соприкоснувшись рукавами.

Мне нравится еще, что Вы при мне
Спокойно обнимаете другую,
Не прочите мне в адовом огне
Гореть за то, что я не Вас целую.
Что имя нежное мое, мой нежный, не
Упоминаете ни днем ни ночью - всуе...
Что никогда в церковной тишине
Не пропоют над нами: аллилуйя!

Спасибо Вам и сердцем и рукой
За то, что Вы меня - не зная сами! -
Так любите: за мой ночной покой,
За редкость встреч закатными часами,
За наши не-гулянья под луной,
За солнце не у нас на головами,
За то, что Вы больны - увы! - не мной,
За то, что я больна - увы! - не Вами.

3 мая 1915

***

I like the fact that you're not mad about me,
I like the fact that I'm not mad for you
And that the globe of planet earth is grounded
And will not drift away beneath our shoes.
I like the fact that I can laugh here loudly,
Not play with words, feel unabashed and loose,
And never flush with stifling waves above me
When we brush sleeves and not seek an excuse.

I like the fact that you don't feel ashamed
As you before my eyes embrace another,
I like the fact that I will not be damned
To hell for kissing someone else with ardor,
That you would never use my tender name
In vain, that in the silence of the church's towers
We'll never get to hear the sweet refrain
Of hallelujahs sung somewhere above us.

With both my heart and hand, I thank you proudly
For everything - although you hardly knew! -
You loved me so: and for my sleeping soundly,
And for the lack of twilight rendezvous,
No moonlit walks with your two arms around me,
No sun above our heads or skies of blue,
For never feeling - sadly! - mad about me,
For me not feeling - sadly! - mad for you.

May 3, 1915

***

Я тебя отвоюю у всех земель, у всех небес,
Оттого что лес -- моя колыбель, и могила -- лес,
Оттого что я на земле стою -- лишь одной ногой,
Оттого что я тебе спою -- как никто другой.

Я тебя отвоюю у всех времен, у всех ночей,
У всех золотых знамен, у всех мечей,
Я ключи закину и псов прогоню с крыльца --
Оттого что в земной ночи я вернее пса.

Я тебя отвоюю у всех других -- у той, одной,
Ты не будешь ничей жених, я -- ничьей женой,
И в последнем споре возьму тебя -- замолчи! --
У того, с которым Иаков стоял в ночи.

Но пока тебе не скрещу на груди персты --
О проклятие! -- у тебя остаешься -- ты:
Два крыла твои, нацеленные в эфир, --
Оттого что мир -- твоя колыбель, и могила -- мир!

15 августа 1916

***

I'll conquer you from any land and from any sky
For the forest is my cradle and it's where I'll die,
Because, here on this earth, I stand - only on one foot
And because I'll sing for you - like no other could.

I'll conquer you from any epoch, from any night,
From any golden banner, from any sword in a fight,
I'll chase the dogs off the porch, toss away the key
For, in this night, a dog is less loyal than me.

I'll conquer you from all others and from that one too,
I'll be no one's wife, - you'll be no one's groom.
I'll win the last battle, - hush! - and pull you aside
From the one, with whom, Jacob fought all night.

Bu before I cross the arms on your chest, - I'm cursed! -
And until that day, you'll remain - just yours:
This is why your wings aim for the upper sky, -
For the world's your cradle and it's where you'll die!

August 15, 1916

***

Кто создан из камня, кто создан из глины, -
А я серебрюсь и сверкаю!
Мне дело - измена, мне имя - Марина,
Я - бренная пена морская.

Кто создан из глины, кто создан из плоти -
Тем гроб и надгробные плиты...
- В купели морской крещена - и в полете
Своем - непрестанно разбита!

Сквозь каждое сердце, сквозь каждые сети
Пробьется мое своеволье.
Меня - видишь кудри беспутные эти? -
Земною не сделаешь солью.

Дробясь о гранитные ваши колена,
Я с каждой волной - воскресаю!
Да здравствует пена - веселая пена -
Высокая пена морская!

1920

***

Some - made of stone, others - of clay, -
But none of them sparkle like me!
Marina's my name, caprice is my way,
I'm the transient foam of the sea.

Some - made of clay, others - of flesh,
For them there are tombstones and graves...
I'm - baptized at sea and broken afresh -
Every day as I soar on the waves!

No matter what heart, no matter what net,
My will - will break through them all.
See the curls that are dangling loose on my head? -
I will never be turned into salt.

I'm broken against your knees made of stone,
But each coming wave sets me free -
I'm resurrected! - All hail the foam -
The high, lively foam of the sea!

1920

Попытка ревности

Как живется вам с другою,-
Проще ведь?- Удар весла!-
Линией береговою
Скоро ль память отошла

Обо мне, плавучем острове
(По небу - не по водам)!
Души, души!- быть вам сестрами,
Не любовницами - вам!

Как живется вам с *простою*
Женщиною? *Без* божеств?
Государыню с престола
Свергши (с оного сошед),

Как живется вам - хлопочется -
Ежится? Встается - как ?
С пошлиной бессмертной пошлости
Как справляетесь, бедняк?

"Судорог да перебоев -
Хватит! Дом себе найму".
Как живется вам с любою -
Избранному моему!

Свойственнее и сьедобнее -
Снедь? Приестся - не пеняй...
Как живется вам с подобием -
Вам, поправшему Синай!

Как живется вам с чужою,
Здешнею? Ребром - люба?
Стыд Зевесовой вожжою
Не охлестывает лба?

Attempt at jealousy

How is living with another?
Simpler? The thud of oars! –
Memories of me soon start to
Drift like waves along the shore,

I'm the island in the distance,
(Not on water! – in the sky!)
Souls! - You're destined to be sisters
And not lovers in this life!

How is living with the common
Woman and not sharing the divine?
Having now removed the sovereign
From her throne (forced to resign),

How is living full of cares?
How is waking with another?
Poor man, how much can you bear
Of the tax of this dishonor?

"I have had it! – being bothered -
I will rent a place. Enough!"
How is living with some other –
You, my only chosen love?

You eat her food with such elation,
Who's to blame when you're fed up…
Do you enjoy the replication?
You, who've tramped the Sinai top!

Living with someone so foreign -
Do you love her - for the rib?
Does the shame still lash your forehead
Every day with Zeus' whip?

Как живется вам - здоровится -
Можется? Поется - как?
С язвою бессмертной совести
Как справляетесь, бедняк?

Как живется вам с товаром
Рыночным? Оброк - крутой?
После мраморов Каррары
Как живется вам с трухой

Гипсовой? (Из глыбы высечен
Бог - и начисто разбит!)
Как живется вам с сто-тысячной -
Вам, познавшему Лилит!

Рыночною новизною
Сыты ли? К волшбам остыв,
Как живется вам с земною
Женщиною, без шестых

Чувств?..
Ну, за голову: счастливы?
Нет? В провале без глубин -
Как живется, милый? Тяжче ли,
Так же ли, как мне с другим?

19 ноября 1924

How is living with her there?
Feeling healthy? Sing at all?
Poor man, how much can you bear
Of the shame that plagues your soul?

How is living with the market
Good? Are the prices rising fast?
Having known Carrara marble,
How is living with the dust

of the plaster? (God was carved
In the block, then smashed completely!)
With the thousandth – is it hard?
You, who used to be with Lilith!

Got bored of market products early?
Got bored of novelties and sick
Of magic? How is living the earthly
Woman, one without the sixth

Sense?...
Living happily in love?
No? In despair, without an end?
How's your life? Is it as tough
As my own with another man?

November 19, 1924

Б. Пастернаку

Рас - стояние: версты, мили...
Нас рас - ставили, рас - садили,
Чтобы тихо себя вели
По двум разным концам земли.

Рас - стояние: версты, дали...
Нас расклеили, распаяли,
В две руки развели, распяв,
И не знали, что это - сплав

Вдохновений и сухожилий...
Не рассорили - рассорили,
Расслоили...
                    Стена да ров.
Расселили нас как орлов-

Заговорщиков: версты, дали...
Не расстроили - растеряли.
По трущобам земных широт
Рассовали нас как сирот.

Который уж, ну который - март?!
Разбили нас - как колоду карт!

24 марта 1925

To B. Pasternak

Dis-tances: miles, versts…
They dis-pelled us until we dis-persed,
So we'd do as we were told
In two corners of the world.

Dis-tances: versts, spaces…
They dislocated us, they displaced us,
They disjoined us, crucified on display
And observed to their dismay

How sinew and ideas soldered…
Without discord, - just in disorder,
Distorted….
Disconnected by a wall and a dike.
They disbanded us like

Eagles-conspirators: versts, spaces…
Not disunited, - they disarrayed us.
Across the slums of the world estranged,
We're like orphans, all disarranged.

For how many Marches now, our hearts
Have been cut like a deck of cards?!

March 24, 1925

***

Тоска по родине! Давно
Разоблаченная морока!
Мне совершенно все равно —
Где — совершенно одинокой

Быть, по каким камням домой
Брести с кошелкою базарной
В дом, и не знающий, что — мой,
Как госпиталь или казарма.

Мне все равно, каких среди
Лиц ощетиниваться пленным
Львом, из какой людской среды
Быть вытесненной — непременно —

В себя, в единоличье чувств.
Камчатским медведем без льдины
Где не ужиться (и не тщусь!),
Где унижаться — мне едино.

Не обольщусь и языком
Родным, его призывом млечным.
Мне безразлично, на каком
Непонимаемой быть встречным!

(Читателем, газетных тонн
Глотателем, доильцем сплетен...)
Двадцатого столетья — он,
А я — до всякого столетья!

Остолбеневши, как бревно,
Оставшееся от аллеи,
Мне все — равны, мне всё — равно;
И, может быть, всего равнее —

***

This grief for homeland! It's despair
And hopelessness of daily worry!
I'm equally indifferent where
- Alone, entirely and wholly, -

I am, which way I slowly stagger
Back from the market, walking homeward,
Into a home, that like a barrack,
Still doesn't know that I'm the owner!

I am indifferent among whom
I am, - a captive lion rising,
Or which establishment, which room
I'm banished from – it's not surprising -

Into myself. Kamchatkan bear
Can't bear without ice - (I'm jaded!)
I am indifferent, I don't care
Where I am shamed and desecrated.

My native tongue, which often sung
To me, as of this day, can't tempt me.
I am indifferent in which tongue
The passerby misunderstands me.

He reads a ton of news and then
He milks the gossip from each entry…
He is the twentieth century man –
I'm from - before there was a century!

I stand, a tree stump in the distance -
Left from an alley, green and tall,
Equal to all, I am - indifferent
To all of it, but most of all

Роднее бывшее — всего.
Все признаки с меня, все меты,
Все даты — как рукой сняло:
Душа, родившаяся — где-то.

Так край меня не уберег
Мой, что и самый зоркий сыщик
Вдоль всей души, всей — поперек!
Родимого пятна не сыщет!

Всяк дом мне чужд, всяк храм мне пуст,
И всё — равно, и всё — едино.
Но если по дороге — куст
Встает, особенно — рябина ...

1934

To that which once made all the difference.
All signs and marks are now erased.
All dates – have vanished in an instant:
My soul - born in a nameless place.

My native land did not protect me, -
Examining my soul with care,
Even the most precise inspector
Won't find a birthmark anywhere!

Each temple's vacant, every home
Is strange to me, - I care for no one.
But if a tree blooms where I roam, -
Especially, if it's the rowan…

1934